Amelia Earhart

La reina del aire

Texto: José Morán
Revisión: Isabel López
Ilustraciones: Francisco Solé
Diseño y realización: delicado diseño

© SUSAETA EDICIONES S.A.
C/ Campezo, 13 - 28022 Madrid
Tel.: 91 3009100
www.susaeta.com

Impreso y encuadernado en España

Impreso en papel procedente de bosques sostenibles.

mini **BIOGRAFÍAS**

Amelia Earhart

La reina del aire

José Morán
Ilustrado por Francisco Solé

Sumario

Nacida para volar

La norteamericana Amelia Earhart (1897–1937) fue **la aviadora más famosa del siglo XX.** Se convirtió en una celebridad mundial cuando cruzó el Atlántico en solitario en un tiempo inferior al establecido por Lindbergh, el único piloto que había logrado completar esa hazaña.

«La reina del aire», como la llamaban, constituye un icono del incipiente feminismo de la época. **Promovió la incorporación de las mujeres a la aviación y a otras profesiones consideradas masculinas.**

Earhart, mujer de acción, carismática, aventurera y valiente, **batió varios récords aéreos de altitud, resistencia y velocidad,** y superó incluso algunas marcas obtenidas por los hombres. Su legendaria figura se engrandeció cuando **su avión desapareció en el Pacífico mientras intentaba dar una vuelta completa al mundo,** hazaña que nadie había conseguido.

La apasionante biografía de Amelia Earhart ha sido inmortalizada en numerosos libros, películas, series, videojuegos y canciones, que mantienen viva la memoria de esta admirable mujer.

La niña torbellino

Amelia Earhart nació en Atchison (Kansas, EE. UU.) el 24 de julio de 1897. Desde pequeña se vio, por su carácter independiente y su **espíritu aventurero,** que iba a ser una especie de Pippi Calzaslargas: alegre, traviesa, temeraria, desconcertante, **distinta al resto de las niñas.**

Menudos juegos...

A Millie, como la llamaban, le encantaba **subirse a los árboles, cazar ratas** con escopeta **y gallinas** con trampas fabricadas por ella misma, lanzarse en **trineo** por las cuestas, **pintar calaveras** y organizar **batallas de bolas de barro.**

Por los aires

Otro de sus juegos favoritos era **montar a caballo** (aunque no sabía montar). Caballo que veía, caballo al que se subía. Más de una vez acabó en el suelo, pues Millie no le caía bien a todos los caballos.

Lectora y coleccionista

Aunque era una niña hiperactiva, destacaba también por su amor a la lectura. Le apasionaban las **novelas de acción**. Y le encantaba **recortar noticias y fotos de mujeres sobresalientes** de las revistas y periódicos.

DIJO...

*«Por desgracia **creí en una época** en la que se esperaba que las niñas se comportaran como niñas».*

Con los abuelos

Cuando había jaleo en su casa porque **discutían sus padres**, la niña se iba a vivir una temporada con sus **adorables abuelos**: Alfred, un juez jubilado, y Amelia, una mujer de gran personalidad y sentido común.

La familia errante

Cuando se acababan las felices temporadas que Amelia
y Muriel, su hermana pequeña, pasaban con sus abuelos,
regresaban con sus padres. Eso significaba a menudo **hacer
las maletas** para establecerse en una nueva población: Iowa,
Minnesota, Springfield, etc., hasta recalar en Chicago. Los
Earhart **no paraban quietos.** ¿Por qué?

En el paro

Porque Samuel, **su padre,** abogado y
más tarde ferroviario, **no tenía trabajo
casi nunca.** Allá donde lo contrataban,
se iba con la familia. Viajaba y
viajaba… Tanto que sus hijas estudiaron
en no menos de diez colegios de
diferentes ciudades.

Alcohólico

El verdadero problema era que Samuel,
aunque un buenazo y bastante listo,
bebía mucho. Demasiado. Por eso los
trabajos apenas le duraban. **Siempre
acababan despidiéndolo** por borracho.

A Chicago

Hasta que un buen día, Amy, su esforzada y paciente mujer, se hartó de él y **lo abandonó**. Se fue a Chicago con Muriel y Amelia, que ya eran unas adolescentes. Años después, tras una breve reconciliación, la pareja se divorció.

Anécdota

Millie guardó siempre un cariñoso recuerdo de su padre, un hombre que **inventaba para ella historias de misterio** y la llamaba de formas absurdas, por ejemplo «paralelepípeda», según escribió ella más tarde en sus memorias.

SAVOY
BARBER SHOP

RICHARD PERKINS — CONTRACTO

Fascinada

Durante la **Primera Guerra Mundial** (1914-1918), Millie viajó a Canadá para visitar a su hermana Muriel, que estudiaba en Toronto. Allí, Amelia hizo un curso de **auxiliar de enfermería** y trabajó en un hospital atendiendo a los soldados heridos. Fue en esos días cuando **descubrió su verdadera vocación: volar.**

Enferma

En 1918 tuvo que ser **hospitalizada** porque contrajo una **neumonía.** Nunca se restableció del todo. La grave enfermedad derivó en una **sinusitis crónica.** Desde entonces sufrió congestiones nasales, fatiga, mareos, dolor de ojos y de oídos.

DIJO...

«En Toronto **descubrí lo que en realidad significaba la guerra:** hombres sin brazos y sin piernas, hombres destrozados mentalmente, hombres paralíticos, ciegos…».

El descubrimiento

En sus tiempos de enfermera tuvo oportunidad de asistir a una **exhibición aérea** protagonizada por pilotos del Ejército del Aire. **Le encantó.** Meses después, cuando regresó a California, donde vivía con su madre, repitió la experiencia.

Su primer vuelo

Gracias a su padre, al que veía de vez en cuando, Amelia tuvo el privilegio de subirse a un avión. El vuelo duró solo diez minutos, pero fueron suficientes para que Amelia, **fascinada,** deseara con todas sus fuerzas **ser piloto.**

17

El Canario

Para ser piloto era obligatorio sacarse el **título**. Para ello, había que recibir **clases de vuelo**, que no eran precisamente baratas. Amelia **no tenía un dólar**, pero como nunca se achicaba ante las dificultades, se buscó la vida hasta conseguir el dinero necesario.

La piloto n.º 16

Trabajó como **mecanógrafa, conductora de autobús y fotógrafa**. Así pudo contratar a Anita Snook, una instructora de vuelo, y **obtener en 1923 la licencia internacional de piloto**. Fue la decimosexta mujer en conseguirla.

El avión amarillo

En 1922 pudo **comprarse una avioneta biplano** (con dos pares de alas) de segunda mano. La pintó de amarillo y rotuló con orgullo en el fuselaje el nombre que eligió para el aparato: **El Canario**.

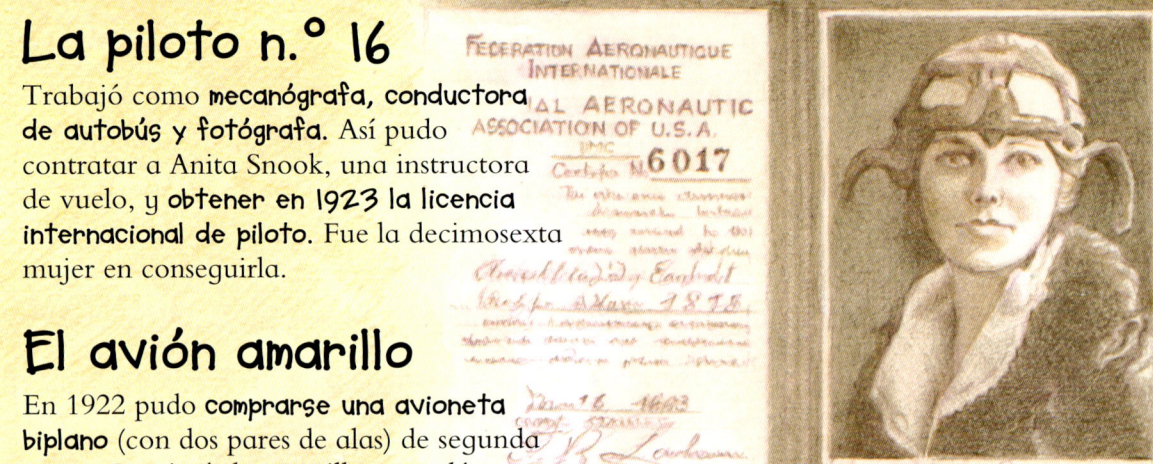

Anécdota

Como la aviación era entonces un territorio casi exclusivamente masculino, **Millie se propuso silenciar los comentarios machistas.** Para ello, se cortó el pelo como un chico y desgastó a propósito su cazadora para no parecer una novata.

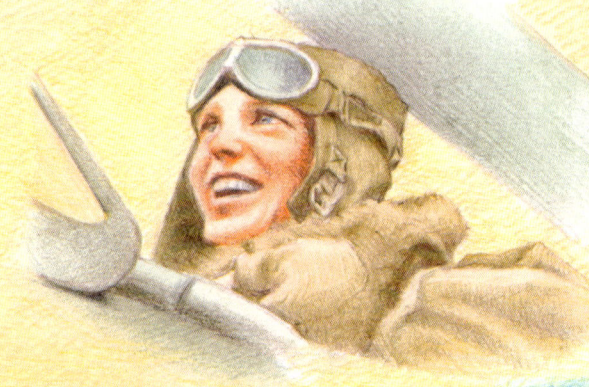

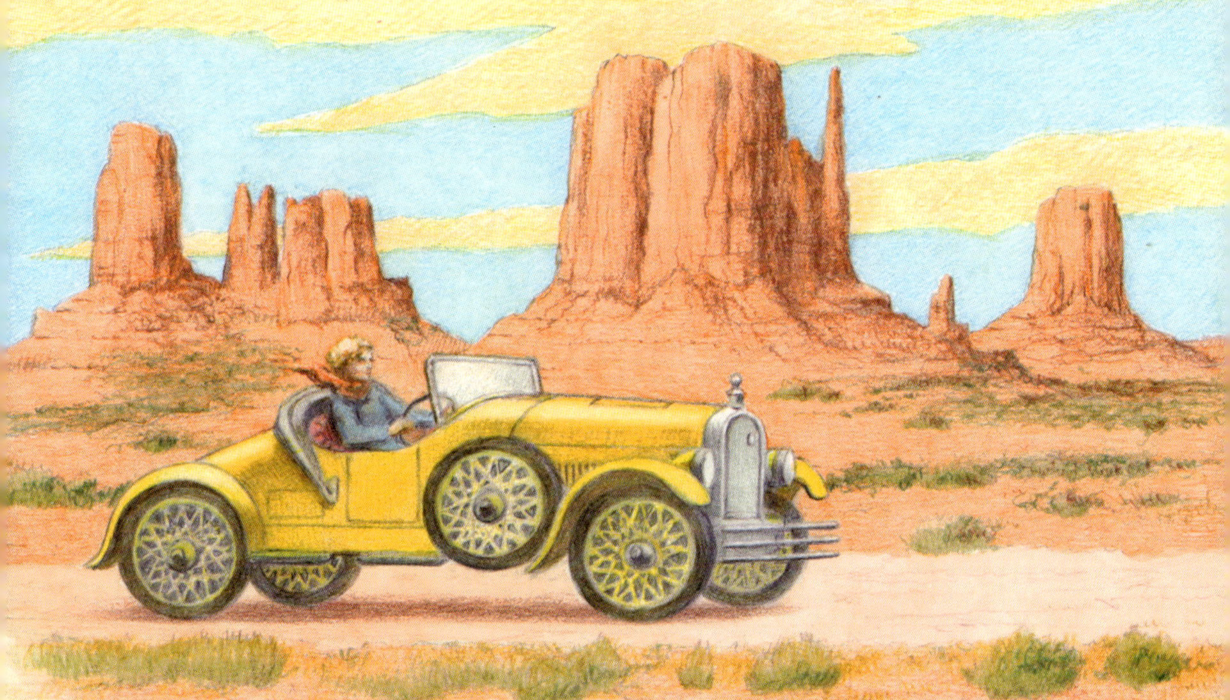

El primer récord

Cuando puso el avión a punto, despegó pletórica de alegría. ¡Había conseguido su sueño! Poco después **estableció su primer récord** (al que seguirían muchos otros) al volar a más de **4267 m de altitud.**

El peligro amarillo

Tres años más tarde, la impredecible Earhart se permitió un capricho: vendió El Canario y **se compró un espectacular coche deportivo,** un Speedster al que llamó **The Yellow Peril** ('el peligro amarillo') y con el que cruzó Estados Unidos de costa a costa.

20 horas y 40 minutos

El año 1928 fue muy especial para Amelia Earhart. **Se hizo famosa** casi de la noche a la mañana gracias a una sorprendente e inesperada llamada telefónica. Tuvo el privilegio de formar parte de la **histórica expedición** que voló de Estados Unidos a Gales. Su vida cambió de repente.

Avión Fokker

La llamada

En esa llamada **el capitán Railey**, al que no conocía de nada, le preguntó **si quería ser la primera mujer en cruzar el Atlántico**. Iría como tripulante en un vuelo que intentaría cruzar el océano. Putnam, un publicista, le había hablado de ella… ¡Amelia no se lo podía creer!

La travesía

Partieron de Terranova en el **Friendship** ('amistad'), un Fokker trimotor, una mañana de verano en medio de una **densa niebla** que los acompañó durante casi todo el peligroso viaje. 20 horas y 40 minutos después, aterrizaron en Gales.

El recibimiento

Cuando llegaron, los periodistas y fotógrafos allí congregados no hicieron apenas caso al piloto ni al avión. **Amelia,** por el hecho de ser mujer, **fue la protagonista.** De vuelta a Estados Unidos los recibió el presidente Coolidge.

¿Sabías...

... que **Earhart publicó un libro** titulado *20 horas, 40 minutos* en el que narró las peripecias de aquella arriesgada aventura? Todavía hoy, casi **cien años** después, se sigue editando.

Presidente Coolidge

AMELIA EARHART

20 Hrs. 40 Min

Our Flight in the *Friendship*

Gesta en solitario

La fama abrió muchas puertas a Earhart. La contrataron como **colaboradora** de varios periódicos y de la prestigiosa **revista** *Cosmopolitan*. También se dedicó a **promocionar los vuelos comerciales interurbanos** con pasajeros civiles, que por aquel entonces eran una gran novedad. Sin embargo, Amelia seguía teniendo un sueño…

El sueño de Amelia

Quería **ser la primera mujer en cruzar el Atlántico en solitario y sin escalas.** Emular al mítico Charles Lindbergh, el único que lo había conseguido hacía ya cinco años a bordo del Spirit of St. Louis, que voló desde Long Island (Nueva York) hasta París.

Avión Lockheed Vega

NR-7952

George Putnam

Amy Guest

Los preparativos

El publicista Putnam consiguió que **la multimillonaria Amy Guest financiara el viaje** de Amelia. La aviadora intentaría la gesta con un Lockheed Vega de color rojo. **Despegó** de Terranova rumbo a París el **20 de mayo de 1932.**

Se jugó la vida

Estuvo a punto de morir. Durante la travesía luchó contra un **tiempo gélido,** terribles **tormentas,** problemas mecánicos (un **tanque averiado** y una pequeña **rotura** en el casco), un amago de **incendio** y sus consabidos **problemas de salud.**

SORPRENDENTE

A pesar de todo, lo consiguió... por los pelos. **Aterrizó** como pudo **en una granja, al norte de Irlanda,** ante la mirada estupefacta de un pastor y su ganado. El vuelo había durado 14 horas y 56 minutos.

De Hawái a California

Earhart **se había casado en 1931 con** su gran benefactor, **George Putnam,** después de haberle dado calabazas las cinco veces que él le había propuesto matrimonio anteriormente. Cuando consiguió la hazaña de cruzar el Atlántico en solitario, Amelia se convirtió en una gloria nacional, pero **aún le quedaban proezas por realizar.**

Otro reto

Amelia amaba el riesgo. En 1935 se empeñó en intentar otra proeza: **volar de Honolulú** (islas Hawái) **a Oakland** (California). Era una aventura muy arriesgada. **Nadie** hasta entonces **lo había conseguido.**

George Putnam

Un vuelo tranquilo

Esta vez el **vuelo** resultó bastante **apacible.** Durante la última parte del trayecto se dedicó a escuchar música clásica por la radio. Cuando aterrizó, **fue recibida por una multitud** que la vitoreaba.

Amelia recorrió los casi **4000 km** de la ruta en **19 horas.** Se trataba de una travesía **muy peligrosa.** De hecho, los **diez pilotos** que lo habían intentado antes que ella fracasaron y **perdieron la vida.**

ESTADOS UNIDOS

Oakland (California)

Islas Hawái

OCÉANO PACÍFICO

MÉXICO

Honolulú

AMELIA EARHART
JAN 6 1935

Inmortalizada

Como recuerdo de aquel histórico viaje y **para homenajear a la aviadora,** las autoridades de Hawái invitaron a Amelia a plantar una higuera de Bengala en la ciudad de Hilo. Se la conoce como **el «árbol Earhart».**

Tocar el cielo

Aquel mismo año (1935) Amelia logró otra hazaña: **volar de México a Nueva York** sin escalas. ¡Y en menos de 15 horas, nuevo récord de velocidad! Estaba **en la cumbre de la fama**. Muchos la llamaban «la novia de América». No dejaba de recibir distinciones honoríficas y homenajes.

Clamor en Nueva York

Quizá **el momento más espectacular** de su vida pública tuvo lugar cuando **recorrió** en un descapotable **las principales calles de Nueva York entre vítores,** el ondear de miles de banderitas y una lluvia de serpentinas lanzadas por la multitud.

Presidente Hoover

Reconocimientos

Fue votada como la mujer más destacada del año, recibió **la cruz de la Legión de Honor** en Francia, **la cruz de Vuelo Distinguido del Congreso** de Estados Unidos, la **medalla de la National Geographic Society,** la llave de varias ciudades y fue invitada a la Casa Blanca por el presidente Hoover.

SORPRENDENTE

Cuando aterrizó en Nueva York procedente de México, **la policía tuvo que rescatarla** por la fuerza del desmedido entusiasmo **de sus fanáticos admiradores,** que con sus palmadas y abrazos estuvieron a punto de asfixiarla.

Sus memorias

Poco tiempo antes había publicado **un libro autobiográfico** titulado *Por el placer de hacerlo*, que tuvo una espectacular acogida. La obra se centra en entrañables recuerdos **de su peculiar infancia y juventud.**

Lady Lindy

A la célebre Amelia Earhart, la novia de América, la gran dama del aire, también **la llamaban «Lady Lindy»** porque sus logros recordaban a otra leyenda de la aviación mundial, Charles **Lindbergh** (la primera persona en sobrevolar al Atlántico), con el que guardaba, además, cierto **parecido físico**.

¿Cómo era Amelia?

Tenía una **personalidad extraordinaria.** Era **vitalista, independiente,** aventurera, terca, **valiente,** apasionada, divertida, **segura de sí misma** y de **atractiva apariencia**: risueña, alta, delgada, rubia, de pelo corto y ojos claros.

Muy deportista

Desde pequeña fue una muchacha activa y fuerte. **Le encantaban todos los deportes,** especialmente los considerados entonces (principios del siglo XX) «para chicos», que eran casi todos. Practicó ciclismo, tenis, baloncesto, fútbol…

DIJO…

Hay una frase de Amelia Earhart que resume muy bien su biografía: *«La vida está para algo más que para ser una simple pasajera».*

Las noventa y nueve

Amelia fue una **pionera del feminismo**. Reivindicó y promovió la aviación entre las mujeres. Fundó la asociación de aviadoras **Las noventa y nueve**, organizó carreras y exhibiciones aéreas para ellas y militó en el **Partido Nacional de la Mujer**.

Diseñadora

Dedicó parte de su tiempo a diseñar y promocionar **ropa femenina informal**, que se caracterizaba por ser elegante, innovadora y cómoda. Hizo **anuncios de complementos** de viaje e incluso uno, muy polémico, de **una marca de tabaco**.

El último vuelo

En 1937, a Earhart le quedaba un sueño por cumplir: **dar una vuelta completa al mundo por la línea del ecuador.** Se trataba de un reto gigantesco. Nadie lo había logrado. ¡Era un trayecto de casi **45000 km!** La valiente aviadora quería intentarlo.

El gran viaje

Amelia y su copiloto, Fred Noonan, **despegaron** de Miami en un Lockheed Electra el **1 de junio de 1937. Atravesaron el Atlántico, cruzaron África, India y Australia** y llegaron a la isla de Papúa Nueva Guinea el 29 de junio.

AMÉRICA DEL NORTE

OCÉANO ATLÁNTICO

Miami

AMÉRICA DEL SUR

Fred Noonan

Aquel 2 de julio

Llevaban más de 34 000 km recorridos. «Solo» les faltaban unos 11 000. Habían superado diversas **averías y enfermedades**. Estaban completamente **agotados**. Tras una breve escala de tres días, el 2 de julio partieron rumbo a la isla Howland.

Guardacostas Itasca

ASIA

FRICA

OCÉANO ÍNDICO

Lae (Papúa Nueva Guinea)

Zona de búsqueda

Isla Nikumaroro

AUSTRALIA

OCÉANO PACÍFICO

Avión Lockheed Electra

Desaparecidos

Llovía mucho. No se veía nada. **Se perdieron**. Cerca del atolón de Nukumanu, en el Pacífico Sur, **se estropeó la radio**. ¡No podían recibir indicaciones! Apenas les quedaba combustible. Seguramente **intentaron un aterrizaje desesperado**.

¿Sabías...

... lo que decía el **último mensaje del Electra** recibido por radio por el guardacostas Itasca? «Debemos de estar encima de ustedes, pero no los vemos ni los escuchamos. El combustible se está agotando...».

La búsqueda

La desaparición del Electra es **uno de los grandes enigmas** de la historia de los siniestros aéreos. Diversas expediciones han intentado, sin éxito, encontrarlo. **Podría ser** que el avión se encontrara a 5000 m de profundidad cerca de la isla de Howland, pero se trata solo de **una suposición**. La búsqueda continúa.

La versión oficial

Las investigaciones del Gobierno norteamericano concluyeron que **se estrellaron en el mar** cuando se les acabó el combustible. Ambos pilotos fueron **declarados oficialmente muertos en 1939,** un año y medio después del accidente.

DATO

El Gobierno de los Estados Unidos gastó **4 millones de dólares** en la expedición de búsqueda, formada por **9 barcos** y **66 aviones** que inspeccionaron una amplia zona del Pacífico Sur durante **20 días**.

BALTIMORE THE NEWS POST — CITY RACE SPECIAL

NAVY HUNTS AMELIA LOST IN PACIFIC OCEAN

Believed Adrift In Shark-Infested Waters

130,000 — THE MINNEAPOLIS STAR

AMELIA DOWN 'SOMEWHERE ON PACIFIC.' RADIOS FOR AID

World Plane Is Missing in Shark Areas

DAILY NEWS FINAL

EARHART PLANE LOST AT SEA

Otras expediciones

Putnam, el marido de Amelia, organizó una expedición privada que también resultó un **fracaso**. Otras posteriores hallaron algunos indicios, pero poco concluyentes. **Todavía se los busca,** ahora con tecnología del siglo XXI.

Objetos hallados

En la década de 1940 **se encontraron** algunos restos dispersos: una **navaja**, parte de un **zapato**, **botones**, una **cremallera**, un **sextante**, una **botella de licor** y fragmentos de **huesos** (de un cráneo, una vértebra, una tibia y un fémur).

Otras teorías

Cuando muere un personaje famoso en extrañas circunstancias, siempre surgen **teorías,** algunas razonables, la mayoría **descabelladas, sobre su desaparición.** Sucedió con John F. Kennedy, Marilyn Monroe, Grace Kelly, Elvis Presley, Natalie Wood, etc. Y también, cómo no, con Amelia Earhart.

Náufragos

Unos creen que los viajeros, tras amerizar en el océano, **consiguieron llegar a nado a la isla Nikumaroro** (en la que se hallaron algunos restos) y allí murieron de hambre.

Ejecutados

Según otros, el avión Electra cayó en poder del **ejército japonés,** que capturó a los dos tripulantes, que fueron **acusados de espías,** declarados culpables, condenados a muerte y **fusilados.**

Tokyo Rose

Algunos forjadores de leyendas difundieron el rumor de que Amelia Earhart **fue**, en años posteriores, la voz de **Tokyo Rose (Rosa de Tokio), una popular y misteriosa locutora de radio** que sintonizaban los soldados en el Pacífico durante la Segunda Guerra Mundial.

Una nueva vida

Hay quienes opinan que la aviadora sobrevivió, volvió de incógnito a su país y, harta de ser una celebridad pública, **adoptó un nuevo nombre** (se habló de una tal Irene Craigmile) **para vivir en el anonimato.**

Los récords de Earhart

Amelia fue **una piloto extraordinaria.** En apenas quince años pulverizó numerosos récords de aviación. He aquí los principales:

—Ascendió a **más de 4200 m de altitud.**
—Fue la **primera mujer en cruzar volando el Atlántico** (aunque fuera como tripulante).
—Y la primera en cruzarlo dos veces, la segunda de ellas **en solitario y en un tiempo récord.**
—Fue la primera mujer en volar **en autogiro** y en lograr una nueva marca mundial de altitud (5613 m).
—La primera persona en recorrer la **ruta de Hawái a California.**
—Y la primera también en **cruzar Estados Unidos de costa a costa sin escalas.**

Algunos opinan que, si hubiera nacido más tarde, habría sido astronauta y establecido récords galácticos. Ciertamente, el mundo se le quedaba pequeño.

CRONOLOGÍA

1897: Nace en Atchison (Kansas, EE. UU.). Es la mayor de dos hermanas.

1905: Su padre es despedido del trabajo por alcohólico. No fue la única vez.

1915: La madre de Amelia y sus dos hijas se van a vivir a Chicago sin su padre.

1917: Trabaja como enfermera de guerra en un hospital de Toronto (Canadá).

1920: Sube a un avión por primera vez. Queda fascinada y decide ser piloto.

1922: Compra El Canario, un aeroplano de segunda mano, y bate su primer récord al ascender a 4267 m.

1928: Forma parte de la expedición que cruza el Atlántico en el Friendship, un Fokker trimotor.

1929: Publica su libro *20 horas, 40 minutos.* Se hace muy famosa.

1930: Funda Las noventa y nueve, una asociación de mujeres aviadoras.

1931: Se casa con George Putnam, publicista que fue también su representante.

1932: Atraviesa el Atlántico en solitario, desde Terranova a Irlanda. Se convierte en una leyenda.

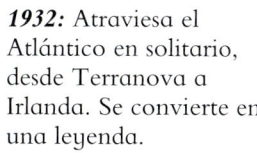

1932: Publica sus memorias, tituladas *Por el placer de hacerlo,* gran éxito de ventas.

1935: Recorre en avión el trayecto entre Hawái y California. Nadie lo había conseguido.

1937: Emprende la gran aventura de dar la vuelta completa al mundo.

1937: El 2 de julio su avión desaparece. Todavía no se han encontrado sus restos, aunque la búsqueda continúa y se siguen realizando hallazgos.